Katharina Münster · Wege durch das Leben

Katharina Münster

Wege durch das Leben

Kiefel

Einen Weg gibt es

Es gibt einen Weg,
den keiner geht,
wenn Du ihn nicht gehst.
Wege entstehen,
indem wir sie gehen.
Die vielen zugewachsenen, wartenden Wege.
Von ungelebtem Leben überwuchert.
Es gibt einen Weg,
den keiner geht,
wenn Du ihn nicht gehst:
es gibt Deinen Weg,
ein Weg, der entsteht,
wenn Du ihn gehst.

Werner Sprenger

Der erste Schritt

Wenn du zum Tor
des Lebens gelangen willst,
mußt du aufbrechen, einen Weg suchen,
der auf keiner Karte verzeichnet
und in keinem Buch beschrieben ist.
Dein Fuß wird an Steine stoßen,
die Sonne wird brennen
und dich durstig machen,
deine Beine werden schwer werden.
Die Last der Jahre
wird dich niederdrücken.
Aber irgendwann wirst du beginnen,
diesen Weg zu lieben.
Weil du erkennst, daß es dein Weg ist.
Du wirst straucheln und fallen,
aber die Kraft haben, wieder aufzustehen.
Du wirst Umwege und Irrwege gehen,
aber dem Ziel näherkommen.
Alles kommt darauf an,
den ersten Schritt zu wagen.
Denn mit dem ersten Schritt
gehst du durch das Tor.

Wolfgang Poeplau

Schritt für Schritt

Der Weg war steinig
sehr steil –
ein paar Schürfwunden
blieben nicht aus.

Doch ich lernte zu gehen
Schritt für Schritt –
meine Füße
die mich trugen.

Von der Höhe ins Tal
und wieder hinauf
Gratwanderung
abschüssig so manchesmal.

Je länger ich laufe
wird mir bewußt
ich werde nach Hause finden –
meinetwegen.

Marion Johannknecht

Wege

Haben wir Ruhe,
dann betrachten wir die Wege,
die wir bisher gegangen sind.
Erinnerungen werden wach.
Schwer und steil,
leicht und einladend
waren die Wege.
Oft führten sie uns
an ein Ziel,
das wir nicht kannten.
Auch in Zukunft
werden wir Wege geführt,
die wir lieber meiden würden.
Das Abenteuer unseres Lebens
ist nicht das Vergangene,
was schon abgeschlossen ist,
sondern was neu
auf uns zukommt.
Ich bin der Weg,
spricht Christus,
und die Wahrheit
und das Leben!

Peter Helbich

Geh deinen Weg

Die Wege kreuzen sich.
Sie gehen auseinander.
Ich gehe hier entlang.
Du gehst dort entlang.
Jeder geht seinen Weg.

Irgendwann,
Ich weiß es genau,
Irgendwann,
Wird wieder eine Kreuzung sein.
Eine Kreuzung,
Ein Kreuz,
Das uns zusammenbringt.

Guido Burri

Bild des Lebens

'Weg' als Bild für mein
Leben umfaßt alles, was
mich bewegt und bedrängt,
wer mir begegnet
und was mir geschieht,
was ich erkunde und erleide,
anstrebe und erreiche,
festhalte und loslasse,
zulasse und verändere.
Das Leben ist ein Weg, und
es beruht im wesentlichen
auf Erfahrungen, die ich im
Unterwegssein sammle.
Dazu gehören
die prägenden Erfahrungen
des Aufbrechens,
des Unterwegsseins, der
Veränderung,
des Gehens auf ein Ziel hin
und des Ankommens.
Auf meinem Lebensweg
begegne ich Wegweisern
und Wegbegleitern,
erlebe Verbindendes und
Trennendes, Verlust und
Gewinn, gehe Umwege
und Irrwege, aber auch
vorgegebene, ausgetretene
und zugewachsene Wege.
Es gilt, Berge zu ersteigen
und die Aussicht zu genießen,
aber auch Täler zu
durchschreiten und Tiefen
auszuhalten. Ob nun
Wüstenweg, Asphaltstraße
oder schattiger Waldweg,
schließlich muß ich meinen
Weg finden und gehen, ihn
mit Leib und Seele selbst
erfahren... Das Wort 'Weg'
ist sprachlich auch mit
'Sinn' verwandt. Sich nach
etwas auf den Weg machen,
d. h. auf etwas sinnen,
seinen Sinn er-gehen,
er-fahren wollen. Das Leben
ist ein Weg: Das Bild lädt
mich als Suchenden, als
Wanderer ein, mich aus
erstarrtem Denken und
Verhalten herauszuwagen,
mich bewegen zu lassen von
der Sehnsucht nach dem
Sinn meines Daseins und
mit allen Sinnen meinen
Lebensweg zu erfahren.

Peter Müller

Ziel

Wegweiser
gibt es viele
auf deinem Weg
Sie locken am Kreuzpunkt
in mancherlei Richtung

Nur wer das Ziel weiß
versteht
ihre Sprache richtig

Nur wer sich weisen läßt
erreicht das Ziel

Wilma Klevinghaus

Ein wirklich lebender Mensch

Das Leben
jedes Menschen ist ein Weg
zu sich selber hin,
der Versuch eines Weges,
die Andeutung eines Pfades.
Kein Mensch ist jemals ganz
und gar er selbst gewesen;
jeder strebt dennoch,
es zu werden, einer dumpf,
einer lichter, jeder wie er
kann. Jeder trägt Reste von
seiner Geburt, Schleim und
Eischalen einer Urwelt,
bis zum Ende mit sich hin.
Mancher wird niemals
Mensch, bleibt Frosch,
bleibt Eidechse,
bleibt Ameise.
Mancher ist oben Mensch
und unten Fisch.
Aber jeder ist ein Wurf der
Natur nach dem Menschen
hin. Uns allen sind die
Herkünfte gemeinsam,
die Mütter, wir alle kommen
aus demselben Schlunde;
aber jeder strebt,
ein Versuch und Wurf aus
den Tiefen, seinem eigenen
Ziele zu. Wir können
einander verstehen;
aber deuten kann jeder
nur sich selbst.

Hermann Hesse

Selbstfindung

Auf dem Wege
zu mir selbst
habe ich mich oft
verlaufen.
Mancher Umweg
hielt mich auf
und manches,
was so gut und richtig schien,
war Irrweg nur
und teuer zu bezahlen.
Wie oft tat ich
nur etwas, weil
andre es so wollten,
glaubte deren Werten
und folgte falschen Zielen.
Doch endlich, endlich
ließ ich mich nicht
länger blenden
von andrer Menschen
Gaukelspiel.
Ich habe mich gefunden
und mich mit mir befreundet,
und jeden Tag
lern ich mich
ein bißchen besser kennen.

Margit von Obernitz

weidendes pferd am wegrand

diesen weg
bin ich nie gegangen
werde ich
nicht gehn.

dort steht ein pferd
und weidet
still sich an grünem gras
übern zaun
fällt sein kopf
allein und wartet.

aber ich komme nicht
des wegs.

Irène Alice Baumgartner

Geradeaus

Oftmals
hätte ich lieber die Abkürzung
genommen,
wäre den Stolpersteinen,
den Schlaglöchern,
dem unbequemen Weg ausgewichen.

Doch je weniger
ich versuche,
dem Unausweichlichen zu entkommen,
werde ich ein Teil
dieser anstrengenden
Geradlinigkeit
meines Weges.

Marion Johannknecht

Spuren

Den Spuren zu folgen
die bereits
ein anderer gegangen
um Sicherheit und Gewißheit
zu spüren
wäre
das Leben des anderen

einen Weg zu beschreiten
den wir
selbst gewählt
um Freiheit zu fühlen
wäre
Sinn und Erfüllung des Lebens

Gabriele Bienert

Weg des Menschen

Der Weg des Menschen
ist ein breiter Weg.
Hält er sich an diesen Weg,
so schreitet er leicht voran;
weicht er von diesem Weg ab,
so umlauern ihn viele Gefahren.
Folgt er diesem sicheren,
erhabenen und ebenen Weg,
so vergißt er
die Mühen des Lebens;
geht er aber abseits
und tritt er in die Dornen,
so nehmen die Mühen kein Ende.
Gibt es etwa unter den Menschen,
die diesen Weg kennen,
jemanden,
der dessen Annehmlichkeit
verschmäht
und sich den Gefahren
des Abgleitens ausliefert?
Das Lernen um diesen Weg
macht das Wissen um diesen Weg
zur Voraussetzung
und das Handeln
zu seinem Angelpunkt.

Konfuzius

Gemeinsamer Weg

Augen des Weitblickes
wünschen sich
den richtigen Weg zu finden
sich nicht zu verirren

Augen der Hoffnung
werden nicht
ihr wahres Ziel übersehen
einem Freund zu begegnen
sich nicht zu irren

für einen gemeinsamen Weg

Gabriele Bienert

Mein Weg

ich gehe
meinen weg
allein

ich will
meinen weg
allein gehen

ich muß
meinen weg
allein gehen

warum
eigentlich?

Peter Klever

Auf dem Weg sein

Es ist gut,
auf dem Weg zu sein …
Auf dem Weg sein ist ein
tiefer und schöner Ausdruck.
Allerdings denke ich dabei
nicht nur an die Straßen
in den Städten oder an die
Fernstraßen auf dem Land,
die wir mit unseren Füßen
oder im Auto zurücklegen …
Aber auch wenn es nur
darum ginge, wäre es schon
viel. Ich liebe es,
durch die Straßen zu gehen,
ob sie nun voller Menschen
oder menschenleer sind,
ob es mitten in der Nacht
oder in der zarten
Morgendämmerung ist …
Ich liebe es besonders,
Straßen zu gehen,
an denen Bäume stehen,
die Schatten spenden
und in denen manchmal
sogar Vögel nisten.
Heute denke ich an die
Wege des Geistes.
Auf dem Weg sein ist
gleichbedeutend mit:
keinen Halt machen,
sich nicht anpassen,
vorwärts wollen,
Fortschritt machen …
Wachsen im Glauben,
in der Hoffnung und
in der Liebe.
Auf dem Weg sein im
Verstehen der Menschen.
Anstatt voreilig Menschen
zu beurteilen und
zu verurteilen, immer mehr
Verständnis haben, daß
jedes Geschöpf einmalig ist.
Begreifen, daß es in
Wirklichkeit unmöglich ist,
jemanden zu beurteilen.
Auf dem Weg sein im
Entwickeln der Fähigkeit
hinzuhören. Wie wir reden! –
Wie wir uns schwer tun,
auch den anderen zu Wort
kommen zu lassen!
Auf dem Weg sein im
Entwickeln der Fähigkeit
zum Dialog! Dialog ist nicht,
so tun, als hörte man dem
anderen zu, und schon mit
fertigen Schlußfolgerungen

aufwarten wollen.
Der Dialog besteht darin,
die vernünftigen Argumente
der anderen Seite zu wägen
und zu akzeptieren.
Man muß siegen, aber auch
verlieren können.
Besser als den Andern zu
besiegen ist es,
sich mit dem Dialogpartner
zusammenzutun,
um gemeinsam Dinge
besser zu durchschauen und
besser voranzukommen,
als das allein möglich ist.
Auf dem Weg sein im
Entwickeln von Verständnis
für die Natur: anstatt über
jemanden zu lachen,
der davon spricht,
er höre das Schweigen;
anstatt jemanden kindisch
und lächerlich zu finden,
der meint, den Bäumen,
dem Wasser und den Sternen
lauschen zu können; anstatt
von Zeitverlust oder –
wer weiß – von fehlender
Seriosität zu reden, wenn
jemand das Ansinnen hat,
den Gesang der Vögel,
das Heulen der Hunde
und das Muhen der Kühe
zu verstehen. Wir sollten
wissen, daß die Natur
tatsächlich Stimmen hat.
Nur fehlen uns fast immer
die Antennen, deren es
bedarf, um die Sprache von
Steinen, Bäumen und Tieren
verstehen zu können.
Wir sollten auf dem Weg sein
im Entwickeln von Geduld
mit uns selbst. Wer nicht
begreifen will, daß er auch
fallen kann, ist stolz. Geduld
mit sich selbst haben heißt
jedoch nicht den Kampf
gegen die eigene Schwäche
einstellen, sondern
anerkennen, daß man ein
schwacher Sünder ist.
Wir sollten auf dem Weg
sein im Vertrauen auf Gott
und den Nächsten.

Helder Camara

Du und ich

Geh deinen Weg
wie ich den meinen suche
zu dem Ziel
Mensch zu werden
unterwegs
begegnen wir
der Wahrheit
der Freiheit
und uns selbst
unterwegs
wächst und reift
eine Weggemeinschaft
die uns befähigt
anderen
Rastplatz zu sein
und
Wegweiser
du und ich
gehen
den Weg

Margot Bickel

Neue Wege

Die Wege,
die wir gemeinsam gegangen sind,
sind vergangen.
Sie leben nur noch in unseren Köpfen,
und da finde ich dich
im Augenblick nur so,
daß es in meinen Gedanken schmerzt.
Wir glaubten halten zu können,
was wir hatten,
aber die Zeit war stärker.
Wir glaubten an unsere Buntheit
und Zartheit, an den Glauben an uns selbst,
an unsere Wärme und Einmaligkeit.
Wir glaubten und lebten,
aber es war nicht genug.
Jetzt brauchen wir unsere ganze Energie,
um neue Wege zu finden, zu bahnen,
zu hacken, zu schaufeln, zu pflügen,
auf dem Hintergrund des Ahnens,
daß auch sie vergehen werden.
Da setzt die Liebe ein,
die wir einmal wähnten nicht zu brauchen.
Da holt uns unser schweres
und schönes Menschsein ein.
Willst du sterblich mit mir sein
und mühsam den Himmel
hier auf Erden bauen?

Ulrich Schaffer

Lebensweg

Bevor ich
meinem Lebensweg
Treue schenken kann
werde ich
viele Pfade
verschiedene Richtungen erfahren

bevor ich
meinen Lebensweg
mit Dir gehe
Du
mein Gefährte wirst
möchte ich
dabei gereift sein

nachdem ich
alles erfahren
was ich
noch nicht kannte
werde ich
treu bleiben
Dir
und
meinem geraden Weg

Gabriele Bienert

Ausgelotet

In der Unendlichkeit
meines Weges
liegt die Zeit mit Dir.
Die Distanz,
die Mond und Sterne brauchen
gegenüber
der Nähe,
die uns einander be-greiflich
macht,
lotet den Horizont
unserer Beziehung.

Marion Johannknecht

Licht auf dem Weg

Ein Mann hat sich des Nachts
im Walde verirrt.
Seine Lampe ist erloschen.
Plötzlich steht er an einer Felswand
und kann nicht mehr weiter.
Er betet:
Herr, räume doch durch ein Erdbeben
den Stein weg, damit ich weiterkann.
Aber das Erdbeben bleibt aus.
Alles bleibt still.
Dafür geschieht jedoch etwas anderes:
Der Mond geht auf,
und auf einmal sieht der Wanderer
die Welt in einem neuen Licht.
Der Stein ist nicht aus dem Weg geräumt,
aber jetzt findet er den Weg
trotz des Steines.
So ist das auch mit der Gabe
des Heiligen Geistes.
Vielleicht wird uns der kranke Fuß
nicht geheilt.
Vielleicht wird uns irgendein Sorgenstein
nicht aus dem Wege geräumt.
Aber der Heilige Geist
ist ein Licht auf unserem Weg,
der uns nach Hause bringt
trotz dieser Hindernisse.

aus Neuguinea

Den Weg finden

Der Dachs und der Iltis
trafen sich bei ihrer
nächtlichen Futtersuche im
Walde; und da sie sich lange
nicht gesehen hatten,
gingen sie plaudernd ein
Stück des Weges
nebeneinander her.
Während aber der Dachs auf
den Weg achtete, blickte
der Iltis immer wieder zum
nächtlichen Himmel hinauf,
übersah dabei einen
Wassertümpel und fiel
hinein. Das war zwar nicht
weiter schlimm,
der Dachs aber
wußte sich vor Lachen
nicht zu halten
und rief einmal ums andere:
Das kommt davon,
wenn man die Nase
zu hoch trägt!
Danach ging der Dachs
allein weiter.
Der Iltis putzte noch
eine Weile an sich herum,
blickte wieder
zum Himmel hinauf
und setzte dann auch
seinen Weg fort.
Bald traf er jedoch
wieder auf den Dachs,
der sich verirrt hatte
und froh war,
daß der Iltis ihn
glücklich nach Hause
brachte. Wie hast du das
so leicht geschafft? fragte
der Dachs. Ich habe mich
nach den Sternen gerichtet,
antwortete der Iltis. Und
dafür nimmst du in Kauf,
daß du hin und wieder
in einen Tümpel fällst,
meinte der Dachs.
Und daß ein Dachs darüber
lacht, sagte der Iltis.

Gerhard Branstner

Wenn die Kraniche ziehn

Wenn die Kraniche ziehn
Zieh ich auch.
Luft ist leicht
Und erhebt sich mein Herz
Über Blüten und Träume.
Die Wege sind schwer
Und hart geworden vom Wandern.

Wann endlich
Kann ich den Staub von den Füßen schütteln
Und über Grenzen ziehn
Leicht und gelassen
Im Licht...

Anna-Barbara Rosbach

Herr, zeige mir deinen Weg

Es gibt so viele Wege,
ich weiß nicht immer,
welchen Weg ich gehen,
welche Entscheidung ich
treffen soll. Ich scheue die
Mühsal und die Unsicherheit
mancher Wege, ich kann ihr
Ende nicht überblicken und
habe Angst vor dem Risiko.
An manchen Straßen stehen
keine Wegweiser, so daß ich
nicht weiß, wohin sie mich
führen, welches das Ziel
sein wird. Manche Wege,
die da abzweigen, sind
steinig und uneben, steil
oder abschüssig, und ich
würde lieber glatte, gut
asphaltierte Straßen gehen.
Manche Wege lassen mich
erkennen, daß ich sie ohne
Begleitung und ohne
Partnerschaft in einsamer
Entscheidung gehen muß,
ganz allein, und ich hätte
so gerne Menschen, die
mit mir gingen. Wieder
andere Wege würde ich gern
allein gehen, um hier und da
zu verweilen, um Tempo und
Ziel selbst zu bestimmen,
aber da sind Menschen,
die mit mir gehen möchten,
weil sie mich brauchen.
Sie erwarten, daß ich mich
ihnen anpasse, mich nach
ihrem Tempo richte und
vielleicht sogar ihre
Zielvorstellungen für mein
Leben übernehme.
Es gibt auch Menschen,
die meinen, über mich
bestimmen, mich auf ihrem
Weg mitreißen zu können,
weil er ihrer Meinung nach
der einzig rechte für mich
ist. – Und da sind unbekannte
Mächte in meinem Leben,
die meine Wege,
meine Entscheidungen mit
beeinflussen und bestimmen
möchten.
Herr, zeige mir den Weg,
den du mich führen willst.

Erika Hellmann

Der bessere Weg

es hat nie
an leuten gefehlt
die ihn
auf den besseren weg
zu bringen versuchten
es braucht sich
niemand
einen vorwurf zu machen

er aber wich
seinen ratern und rettern
geflissentlich aus
und wählte meistens
den schlechteren weg –
oder was wir
den schlechteren nennen

bleibt uns die frage:
ob vielleicht
der schlechtere weg
für ihn
der bessere war?

Kurt Marti

Veränderungen

Am nächsten Abend war ich
zu Hause. Weit war der Weg
gewesen und lang die Fahrt.
Es war schön, wieder daheim
zu sein.
Man kann nicht erwarten,
daß alles so ist,
wie man es verlassen hat,
wenn man einige Wochen
fort war. Daß auf meinem
Acker Dornen und Disteln
gewachsen waren,
damit hatte ich gerechnet.
Es konnte nicht anders sein.
Aber daß mein Kätzchen
mager und struppig war
und mich fremd anschaute,
das tat mir weh. Ich mußte
ganz von vorn beginnen,
es zu zähmen.
Und auch die Menschen
leben weiter, während man
fort ist. Vieles ist ohne einen
geschehen.
Alles verändert sich.
Nichts bleibt, wie es war.

Ruth Rau

Lieder von einer Insel

Wenn einer fortgeht, muß er den Hut
mit den Muscheln, die er sommerüber
gesammelt hat, ins Meer werfen
und fahren mit wehendem Haar,
er muß den Tisch, den er seiner Liebe
deckte, ins Meer stürzen,
er muß den Rest des Weins,
der im Glas blieb, ins Meer schütten,
er muß den Fischen sein Brot geben
und einen Tropfen Blut ins Meer mischen,
er muß sein Messer gut in die Wellen treiben
und seinen Schuh versenken,
Herz, Anker und Kreuz,
und fahren mit wehendem Haar!
Dann wird er wiederkommen.
Wann?
Frag nicht.

Ingeborg Bachmann

Fremde Wege

Wer immer
in den gebahnten Wegen
des Lebens fortgegangen ist,
begrenzt durch Gesetz,
bestimmt durch Ordnung,
Sitte und Form,
welche in seiner Heimat als
tausendjährige Gewohnheit
von Geschlecht zu
Geschlecht vererbt sind,
und wer plötzlich als
einzelner unter Fremde
geworfen wird, wo das
Gesetz seine Rechte nur
unvollkommen zu schützen
vermag, und wo er
durch eigene Kraft die
Berechtigung zu leben sich
alle Tage erkämpfen muß,
der erst erkennt den Segen
der heiligen Kreise,
welche um jeden einzelnen
Menschen Tausende von
Mitlebenden bilden...

Gustav Freytag

Anfang und Ende

Ein Weg ist die Straße,
heißt es, ein planmäßig
angelegter, eine vom
Verstand des Menschen
erdachte Möglichkeit,
von einem Ort zum anderen
zu gelangen, von einem
Menschen zum anderen
Menschen.
Aber da gibt es den rechten
Weg und den falschen Weg,
den Weg, der nirgends
ankommt und im Sande
verläuft, den verbauten
Weg, den vermauerten Weg,
der zu umständlichen und
zeitraubenden Umwegen
zwingt oder gar einsperrt.
Das alles gibt es. Und auch
den gibt es, der mir einen
Stein in den Weg wirft,
der mir im Wege steht,
wie es den gibt, der mir
den Weg weist, wenn ich
ihn verlassen habe, wenn ich
vom Wege abwich einen
Schritt. Da gilt's dann, neue
Mittel und Wege zu finden,
um weiterzukommen,
die Zeit ist ja kurz,
der Weg aber lang, und
stehenbleiben auf halbem
Wege, es nützt nichts,
jeder geht seinen Weg,
von Kindesbeinen bis ins
Greisenalter hinein. Auch
der längste Weg hat sein
Ende, und den Weg allen
Fleisches geht auch der
letzte stolpernde Schritt.
Das also ist Weg und ist
Straße: Anfang und Ende,
Aufbruch und Ziel. Jeder
Schritt – barfuß, gesohlt,
bereift und beflügelt,
zu Wasser, zu Lande und
in den Lüften.

Kurtmartin Magiera

Ich bin auf dem Weg

Ich bin
auf dem Weg
ich suche
um zu finden

um doch
nie anzukommen
nie zu finden

besser
gehen
suchen

als stillzustehen
abzuwarten
ob ich gefunden werde

Andrea Schwarz

Manchmal meinen wir

Manchmal meinen wir
den rechten Weg
gefunden zu haben
doch plötzlich
endet er –
meist erst später
erkennen wir
die kurze Wegstrecke
war nötig
um zu reifen
um uns fähiger zu machen
für den neuen Weg

Edeltraut Reeb

Der Weg

Jeder Weg ist nur ein Weg,
es ist kein Verstoß gegen
sich selbst oder andere,
ihn aufzugeben,
wenn dein Herz
es dir befiehlt...
Sieh dir jeden Weg scharf
und genau an.
Versuche ihn so oft wie nötig.
Dann frage dich,
nur dich allein:... Ist es
ein Weg mit Herz?
Wenn ja, dann ist es ein
guter Weg; wenn nicht,
ist er nutzlos.

Carlos Castaneda

Weg ohne Ende

Ich gehe Wege,
um nach der Vollkommenheit
zu suchen,
aber ich finde sie nicht
– die Vollkommenheit –
sie ist unerreichbar.
Das Wissen darum
muß genügen.
Wir sind Suchende,
Suchende, auf dem Weg
zum Himmel.
Schritte können wir tun,
verändernde Schritte,
ausdauernde Schritte,
aber wir bleiben immer
auf der Suche.
Der Weg bietet Rastplätze:
zum Ausruhen
zum Verweilen
zum Innehalten
zum Betrachten
zum Orientieren.
Dieser Weg endet nicht,
weil er uns belebt und
weiterführt
und der Vollkommenheit
ein Stück näherbringt.

Gertrud Oft

Literaturnachweis

aus Neuguinea
Licht auf dem Weg
aus: Evangelischer Gemeindekatechismus
Hrsg. von Reller, Horst/Voigt, Martin/Müller, Hermann
© Gütersloher Verlagshaus, Gütersloh [4]1987

Ingeborg Bachmann
Lieder von einer Insel (Ausschnitt)
aus: Werke I.
© R. Piper & Co. Verlag, München 1978

Irène Alice Baumgartner
weidendes pferd am wegrand
Mit freundlicher Genehmigung der Autorin

Margot Bickel
Geh deinen Weg
aus: Geh deinen Weg
© Verlag Herder GmbH, Freiburg i. Br. [14]1991

Gabriele Bienert
Augen des Weitblickes
Bevor ich meinem Lebensweg...
Den Spuren zu folgen
Mit freundlicher Genehmigung der Autorin

Guido Burri
Geh deinen Weg
aus: Zwischen Angst und Hoffnung
© Paulus-Verlag, Freiburg, Schweiz 1985

Helder Camara
Auf dem Weg sein...
aus: selig die träumen. 5-Minuten-Radiopredigten
© copyright by pendo-verlag Zürich, 1982

Carlos Castaneda
Der Weg
aus: Carlos Castaneda, Die Lehren des Don Juan.
Copyright für die deutsche Übersetzung:
© März Verlag, Frankfurt am Main, 1972.
Alle Rechte vorbehalten Fischer Taschenbuch Verlag GmbH, Frankfurt am Main

Peter Müller
Weg als Bild...
aus: Peter Müller, Schenk dir Fastentage
© Verlag am Eschbach GmbH, Eschbach 1993

Peter Helbich
Wege
aus: Unter der Sonne leben
© Christliche Verlagsanstalt, Konstanz 1992

Erika Hellmann
Herr, zeige mir deinen Weg
Mit freundlicher Genehmigung der Autorin

Hermann Hesse
Das Leben jedes Menschen...
aus: Gesammelte Werke
© Suhrkamp Verlag, Frankfurt am Main 1970

Marion Johannknecht
Ausgelotet
Der Weg war steinig
Geradeaus
Mit freundlicher Genehmigung der Autorin

Peter Klever
Mein Weg
aus: Peter Klever, Wend dein Gesicht der Sonne zu
Verlag Ernst Kaufmann, Lahr

Wilma Klevinghaus
Wegweiser
Mit freundlicher Genehmigung der Autorin

Kurtmartin Magiera
Ein Weg ist die Straße
aus: Was der Juli nicht kocht, kann der September nicht braten
© by Verlag Josef Knecht, Frankfurt am Main 1975

Kurt Marti
es hat nie...
aus: Leichenreden. Sammlung Luchterhand 235
© 1969 by Hermann Luchterhandverlag, Darmstadt und Neuwied.
Mit freundlicher Genehmigung des Luchterhand Literaturverlags, Hamburg

Margit von Obernitz
Selbstfindung
Mit freundlicher Genehmigung der Autorin

Gertrud Oft
Weg ohne Ende
Mit freundlicher Genehmigung der Autorin

Wolfgang Poeplau
Der erste Schritt
aus: Wolfgang Poeplau/Conrad Contzen,
© Christophorus-Verlag, Freiburg/
Burkhardthaus-Laetare Verlag, Gelnhausen 1983

Ruth Rau
Veränderungen
aus: ... dann wünsche ich mir Flügel
© 1984 Fotokunst-Verlag Groh, Wörthsee und München

Edeltraut Reeb
Manchmal meinen wir
Mit freundlicher Genehmigung der Autorin

Anna-Barbara Rosbach
Wenn die Kraniche ziehn
Mit freundlicher Genehmigung der Autorin

Ulrich Schaffer
Die Wege ... auf Erden bauen?
aus: Ulrich Schaffer, Liebendes Wahrnehmen
Kreuz Verlag, Stuttgart 1989

Andrea Schwarz
Ich bin auf dem Weg
aus: Ich mag Gänseblümchen
© Verlag Herder GmbH, Freiburg i. Br. 12/1992

Werner Sprenger
Einen Weg gibt es
aus: Gedichte zum Auswendigleben
© Nie/nie/sagen-Verlag, Konstanz 1988[7]

Unser Dank gilt allen Autoren und Verlagen für die freundlich erteilten Genehmigungen zum Abdruck der gewählten Texte.

Fotonachweis

Ursel Borstell, Seite 39
Gertie Burbeck, Seite 35
Erhard Hehl, Seite 15, 22, 43
Michael Jordan, Seite 10, 27
Werner Richner, Seite 7, 30
Wolfgang Rilke, Seite 19
Friedhelm Winter, Titel

Printed in Germany
Schrift: Clearface
Gestaltung: Brigitte Pollmeier, Bielefeld
Reproduktion: Peter Karau, Bochum
Satz und Druck: Steinbeck-Druck, Sprockhövel
Einband: Hollmann GmbH, Darmstadt
ISBN 3 7811 5665 6